ÉRIC BATTUT

Roi René

Autrement jeunesse
- FIL ROUGE -

Roi René et Reine Cunégonde s’étaient mariés.
Cette nuit-là, du balcon du palais, ils admiraient
la lune rousse et les étoiles qui scintillaient.

Le jour suivant, Roi René emmena Reine Cunégonde dans la galerie des portraits. On y voyait tous ses aïeux. Et, fait curieux, tous avaient un drôle de nez : en tire-bouchon ou en trompette, pointu ou crochu, et tous avaient le nez long. Roi René pensait pourtant avoir un visage d'Apollon.

Roi René voulut lui aussi une œuvre à sa mesure.
Il commanda une sculpture. L'artiste et ses ouvriers se mirent aussitôt à l'ouvrage.
Une bouche et deux oreilles, deux pieds et deux mains, on sculpta tout ce qu'il faut pour faire un corps et un visage.

Puis ce fut l'inauguration. Dans l'enceinte du château se rassemblèrent gens de la cour et simples badauds. Ils voulaient découvrir l'œuvre d'art pour l'instant cachée aux regards par une grande étoffe.

Roi René détacha le tissu ; c'est alors qu'apparut la sculpture. Dès que les pigeons aperçurent le nez représenté, tous se posèrent dessus. Roi René était furieux. Il pensait que le sculpteur et ses ouvriers n'avaient pas pris son nez au sérieux.

« Tous au cachot ! » cria Roi René.
Des gardes conduisirent aussitôt les prisonniers aux oubliettes, au plus profond du palais.
« Vous y resterez jusqu'à ce que vous ayez de meilleures idées », ajouta Roi René.
Et il ferma la porte à clef.

La nuit, de leur balcon, Roi René et Reine Cunégonde virent un étrange individu s'approcher. « Je suis le grand Cador, clama-t-il, artiste et alchimiste. Roi René, vous avez un problème que vous ne pouvez résoudre vous-même. Si vous me permettez d'entrer je le résoudrai en une nuit, cette nuit-même. »

Roi René laissa pénétrer le grand Cador
dans son palais. Il le fit mener à la sculpture qui
lui avait tant déplu. Alors, de son bâton enchanté,
et dans une tornade de feu, le grand Cador
transforma la statue sous le regard éberlué des
gardes.

Au matin, un œuf en marbre blanc était planté au milieu de l'enceinte du palais. Un pigeon avait entrepris de le couver.

« Voyez, Roi René, dit le grand Cador, vous êtes comme cet œuf : une forme parfaite. »

« Vous vous payez ma tête ! cria Roi René. Au cachot, vilain oiseau ! »

Des gardes menèrent alors le grand Cador derrière les barreaux.

Mais, pendant la nuit, Reine Cunégonde mit au monde un bébé, le prince héritier. Une dame de la cour déposa le nouveau-né dans les bras de son papa. En voyant le long petit nez du bébé, Roi René trouva que son fils lui ressemblait. Et comme il était joli, sans doute Roi René l'était-il aussi.

Dans sa joie, Roi René accorda sa grâce au sculpteur et à ses ouvriers, ainsi qu'au grand Cador. Un grand banquet fut organisé ; puis, quand vint la nuit, on tira un feu d'artifice en l'honneur de ce royal fils.

Tout était pardonné. Les ouvriers déplacèrent l'œuf dans le jardin. Le sculpteur fit naître de la pierre le prince héritier pendant que le grand Cador transformait des escargots en écus d'or. Depuis, le jardin du prince est un endroit où il fait bon se promener.

Roi René

Texte et illustrations : Éric Battut
Direction artistique : Kamy Pakdel, studio Autrement

Publié par les Éditions Autrement,
87, quai Panhard-et-Levassor 75647 Paris Cedex 13
Tél. : 01 40 51 31 00 – Fax : 01 55 28 12 60
www.autrement.com
ISSN : 1269-8733 – ISBN : 978-2-7467-3415-9
Numéro d'édition : L.69EJEN000547.N001
Dépôt légal : avril 2013. Précédent dépôt légal : avril 2008.
Achevé d'imprimer en janvier 2013, en Chine.

Conforme à la loi n° 49-956 du 16 juillet 1949 sur les publications destinées à la jeunesse.